Guida alla Friggitrice ad Aria

Nuove Ricette tutte Italiane per Preparare in Modo Salutare i Tuoi Cibi Preferiti. Bonus: Consigli per una Perfetta Manutenzione

DAFNE BIANCO

© Copyright 2021 – DAFNE BIANCO
Tutti i diritti riservati all'autore, nessuna parte di questo libro può essere pertanto riprodotta senza il preventivo assenso dell'autore.

Non è consentito in alcun modo riprodurre, duplicare, o trasmettere alcuna parte di questo documento in formato digitale o cartaceo. La diffusione di questa pubblicazione è severamente proibita e qualsiasi fruizione di questo documento non è consentita senza il preventivo con-senso scritto dell'editore. Tutti i diritti riservati.

L'accuratezza e l'integrità delle informazioni qui contenute è garantita, ma non è assunta responsabilità di alcun genere. Essa è infatti, in termini di fraintendimento delle informazioni per disattenzione, oppure per l'uso o l'abuso di eventuali politiche, pro-cessi o istruzioni contenute all'interno del libro, responsabilità sola ed assoluta del lettore destinatario. In nessun caso è consentito perseguire legalmente o incolpare l'editore per qualsiasi danno arrecato o perdita monetaria avvenuti a causa di informazioni contenute in questo libro, né direttamente né indirettamente.

I diritti sono detenuti dai rispettivi autori e non dall'editore.

Nota Legale:

Questo libro è protetto da copyright. È esclusivamente per uso personale. Non è consentito modificare, distribuire, vendere, utilizzare, citare o parafrasare nessuna parte del contenuto di questo libro senza lo specifico consenso dell'autore o del proprietario dei diritti di copyright.

Qualsiasi violazione di questi termini sarà sanzionata secondo quanto previsto dalla legge.

Disclaimer:
Si prega di notare che il contenuto di questo libro è esclusivamente per scopi educativi e di intrattenimento. Ogni misura è stata presa per fornire informazioni accurate, aggiornate e completamente affidabili. Non sono espresse o implicate garanzie di alcun tipo. I lettori riconoscono che il parere dell'autore non è da sostituirsi a quello legale, finanziario, medico o professionale.

Sommario

INTRODUZIONE **8**

CAPITOLO 1 - MANUTENZIONE DELLA FRIGGITRICE AD ARIA. 11
    Come fare la manutenzione e la pulizia della friggitrice ad aria.. *11*

CAPITOLO 2 – RICETTE PER LA COLAZIONE **14**
    Tortine al cocco.. 14
    Tortine al caffè 17
    Tortine alla cannella 19
    Pane tostato farcito.. 21
    Pane alle Noci e banane... 23

CAPITOLO 3 - SPUNTINI E CONTORNI... **25**
    3.1 Ricette per gli spuntini 25
    Finocchi e cipolle al gratin.. 25
    Gratin di patate alla paprika.. 28
    Involtini di peperoni.. 30
    Patate novelle alla salvia... 32
    Porri gratinati.. 34
    Taccole gratinate.. 36
    3.2 Ricette contorni.. 38
    Involtini di peperoni.. 38
    Patate novelle alla salvia... 41
    Porri gratinati.. 43
    Taccole gratinate.. 45

CAPITOLO 4 - MAIALE, AGNELLO E MANZO............................... **47**
    4.1 Ricette di maiale 47
    Bombette di Carne Ripiene 47
    Hamburger di prosciutto e zucchine 50
    Uova ripiene di salsiccia... 52
    Braciole di maiale ai pomodorini... 54
    4.2 Ricette di vitello 56
    Spiedini vitello al pistacchio... 56
    Cotolette panate ai crackers.. 59

Peperoni ripieni di carne 61
Zucchine ripiene di carne di manzo 63
4.3 RICETTE DI AGNELLO 65
Carrè di agnello con crosta di pinoli 65
Polpette di agnello e feta 67

CAPITOLO 5 - RICETTE POLLAME 69

Hamburger di pollo e tacchino con zucchine 69
Hamburger tacchino speck e formaggio 71
Involtini di tacchino con zucchine 73
Cotolette di tacchino impanate 75
Salsiccia di tacchino e pollo con patate 77
Petto di tacchino marinato 79
Fesa di tacchino al cartoccio 80
Faraona ripiena 83

CAPITOLO 6 - RICETTE VEGANE E VEGETARIANE 86

6.1 RICETTE VEGANE 86
Verdure arrosto miste 86
Verdure in pastella (versione vegana) 88
Crocchette di ceci 90
Polpette di cavolfiore 92
6.2 RICETTE VEGETARIANE 94
Pasticcio di cavolfiore 94
Verdure in pastella (versione classica) 96
Crocchette di broccoli e lenticchie 98

CONCLUSIONI 100

Introduzione

Se pensiamo ogni giorno al buon cibo, e soprattutto a quale cibo o a quali ricette siano in assoluto le più gustose, non si può di certo non fare riferimento alle fritture.

Cosa c'è di più buono di un piatto di patatine fritte?

Il problema sorge, come ben noto, quando si pensa che la frittura, soprattutto se abusata, non è sicuramente una buona alleata della salute, ed in modo particolare non è tra le scelte principali utili al perseguimento di un'alimentazione sana e allo smaltimento dei chili in eccesso.

Dopo questa premessa, adesso ci si chiede, se esiste una soluzione che unisca il piacere del cibo fritto al mantenimento di un regime alimentare sano, senza grassi in eccesso…

La risposta a questo dilemma sembra si stata creata appositamente.

Uno dei maggiori progressi riguardanti, infatti, l'ambito alimentare, culinario e tecnologico è stato proposto da un'invenzione piuttosto recente.

Stiamo parlando proprio della friggitrice ad aria.

Questa nuova invenzione permette in pratica di friggere senza olio, ma di ottenere lo stesso risultato della frittura ad olio, mediante un getto d'aria molto caldo.

Ciò significa, quindi, che i cibi che si andranno a preparare con la friggitrice ad aria risulteranno, così come quelli fritti normalmente, in pratica croccanti fuori e morbidi dentro.

Detto in altre parole, la friggitrice ad aria simula la cottura con l'olio senza immergere i cibi in esso, rappresentando anche per certi versi una soluzione a metà strada tra frittura ad olio e cottura in forno. Ma le friggitrici ad aria permettono solitamente di ottenere una frittura leggera che non faccia male alla nostra linea o al nostro corpo.

Grazie ad esse e, come vedremo nel corso di questa trattazione, si potranno ottenere diversi tipi di cottura, come ad esempio la grigliata o la cottura a forno.

Essendo il mercato fornito di diversi tipi di friggitrici ad aria, di differenti tipi di resistenza elettrica, è possibile quindi variare cotture e tipi di piatti che verranno portati a tavola.

Capitolo 1 - Manutenzione della friggitrice ad aria

Come fare la manutenzione e la pulizia della friggitrice ad aria

Dopo aver illustrato, nei capitoli precedenti, il funzionamento e gli errori da evitare nell' utilizzo della friggitrice ad aria, si ritiene essenziale, a questo punto della trattazione, illustrare la pulizia ed il mantenimento di questo strumento da cucina.

La durata e le prestazioni di questo strumento dipendono, logicamente, dal mantenimento ottimale del suo stato.

Ciò vuol dire che la vostra friggitrice ad aria dovrà essere il più pulita e priva di residui incrostati possibile.

In linea generale, le friggitrici ad aria sono abbastanza semplici da mantenere pulite, a maggior ragione se paragonate alle classiche friggitrici ad olio.

C'è da dire inoltre che, per quanto riguarda il cestello contenitore, la maggior parte dei modelli hanno la possibilità di lavare i cestelli direttamente nella lavastoviglie.

Una cosa importantissima da ricordare, soprattutto per mantenerne, come già accennato sopra, il funzionamento – oltre che per una corretta pulizia- è quella di far raffreddare completamente la friggitrice prima di procedere alla pulizia completa della stessa.

Se dovessero esserci residui di grasso ostinato, come per esempio quello delle carni più grasse, sarebbe molto meglio lasciare i cestelli in ammollo per un tot di tempo, riempiendoli con acqua calda e sapone sgrassante fino a quando il grasso si sia parzialmente sciolto Dopo questo piccolo "prelavaggio" è possibile procedere o con il lavaggio a mano oppure direttamente in lavastoviglie.

È altresì importantissimo tenere a mente che anche la resistenza va pulita, visto che può essere perfettamente raggiunta da schizzi di cibo, ogni volta che utilizziamo la friggitrice ad aria.

Per quanto riguarda lo strumento di pulizia, è fortemente raccomandato l'uso un panno umido e morbido per detergere sia la resistenza che la parte esterna.

Meglio sempre utilizzare, quindi, dei panni o delle spugne in microfibra.

Per quanto riguarda invece la rimozione di eventuali incrostazioni bisogna ricordare che la parola d'ordine è sempre la stessa e cioè: delicatezza.

Quindi, non strofinate mai la vostra friggitrice ad aria con spugne abrasive e non usate prodotti aggressivi che potrebbero danneggiarla.

Come fare per rimuovere, invece, eventuali odori di cibo?

Può capitare, magari cucinando del pesce, per esempio, che rimanga dell'odore all' interno della vostra friggitrice ad aria.

Una possibile soluzione per ovviare a questo problema sarebbe di mettere mezzo bicchiere di aceto di vino sul fondo del cestello esterno, insieme a circa mezzo litro di acqua ed alzare la temperatura della friggitrice al massimo.

A questo punto, quindi impostare a 200° la friggitrice ad aria per circa

10 minuti, fino a quando il liquido all'interno del cestello non sia completamente evaporato.

Un'altra possibile soluzione sarebbe quella di usare dei rami di rosmarino fresco.

Bisogna posizionarli sempre nel cestello interno, ed impostare la temperatura a 180° per 10 minuti.

È di vitale importanza però, in questo caso, controllare sempre che il rosmarino non tocchi la resistenza durante il processo.

Dopo aver indicato queste soluzioni e, ricapitolando il processo di pulizia della vostra friggitrice ad aria, possiamo sintetizzare il procedimento stesso in pochi semplici passaggi:

- Prima di iniziare la vostra ordinaria pulizia, assicuratevi che la presa della corrente sia staccata e che la friggitrice si sia completamente raffreddata.

- Pulire la parte esterna della friggitrice ad aria con un panno ed un detergente delicato

- Pulite il cestello (o vassoio) interno, sempre con detergente e panno delicato (ricordate che se sono presenti residui di grasso di tenerlo in ammollo con acqua calda e sapone per piatti)

- Per la parte interiore, ricordate sempre di pulire anch'esse delicatamente con acqua e una spugna morbida.

Capitolo 2 – Ricette per la colazione

Tortine al cocco

TEMPO DI PREPARAZIONE: 10 minuti
TEMPO DI COTTURA: 12 minuti
CALORIE: 385 Calorie a porzione
MACRONUTRIENTI: CARBOIDRATI: 56 GR PROTEINE: 5 GR GRASSI: 12 GR

INGREDIENTI PER 2 PERSONE
- 5 ml di succo di limone

- 120 ml di latte di cocco
- 125 g di farina per dolci
- Una bustina di lievito in polvere
- 1 gr di sale
- 50 gr di zucchero semolato
- 60 ml di olio di cocco
- 1 limone zestato
- 5 ml di estratto di vaniglia
- 75 gr di mirtilli freschi

PREPARAZIONE

1. Unite il succo di limone e il latte di cocco in una piccola ciotola.
2. Setacciate insieme farina, lievito, bicarbonato e sale in una ciotola
3. Mescolate zucchero, olio di cocco, scorza di limone ed estratto di vaniglia in un'atra ciotola.
4. Unite il composto delle farine con quello liquido ed iniziate a mescolare con una spatola.
5. Unite anche il composto con l'olio di cocco e continuate a mescolare fino a quando l'impasto non risulti completamente liscio.
6. Inserite delicatamente i mirtilli.
7. Preriscaldate la friggitrice ad aria a 165° C per qualche minuto.
8. Ungete gli stampini per torte con poco olio, o con lo spray da cucina.

9. Versate la pastella finché gli stampini non risultino pieni per ¾.
10. Posizionate con cautela gli stampini nella friggitrice preriscaldata.
11. Selezionate la funzione dolci e regolate il tempo a 12 minuti.
12. Controllate sempre la cottura, e appena pronte lasciate raffreddare le tortine per 10 minuti e servite.

Tortine al caffè

TEMPO DI PREPARAZIONE: 10 minuti

TEMPO DI COTTURA: 12 minuti

CALORIE: 360 Calorie a porzione

MACRONUTRIENTI: CARBOIDRATI: 43 GR PROTEINE: 9 GR GRASSI: 12 GR

INGREDIENTI PER 4 PERSONE

- 120 gr di farina 00
- 60 gr di cacao in polvere
- 150 gr di zucchero di canna
- Mezza bustina di lievito per dolci
- 2 gr di polvere di caffè espresso
- 3 gr di bicarbonato di sodio
- 1 pizzico di sale
- 1 uovo grande
- 170 ml di latte
- estratto di vaniglia
- 5 ml di aceto di mele
- 80 ml di olio vegetale

PREPARAZIONE

1. Mescolate insieme in una grande ciotola tutti gli ingredienti secchi e quindi la farina, il cacao in polvere, lo zucchero, il lievito, la polvere per espresso, il bicarbonato e il sale
2. Sbattete l'uovo, il latte, la vaniglia, l'aceto e l'olio in un'altra ciotola.

3. Mescolate gli ingredienti liquidi con le farine fino a quando si amalgameranno perfettamente.
4. Ungete gli stampi per tortine con uno spray da cucina, o con dell'olio e versate la pastella.
5. Nel frattempo, preriscaldate la friggitrice ad aria a 170° C.
6. Posizionate con attenzione le tortine nella friggitrice preriscaldata.
7. Selezionate la funzione *Desserts*, regolare il tempo a 12 minuti e fate cuocere, verificando di tanto in tanto la cottura.
8. Servite ancora calde.

Tortine alla cannella

TEMPO DI PREPARAZIONE: 10 minuti

TEMPO DI COTTURA: 15 minuti

CALORIE: 320 Calorie a porzione

MACRONUTRIENTI: CARBOIDRATI: 42 GR PROTEINE: 5 GR GRASSI: 13 GR

INGREDIENTI PER 3 PERSONE

PER LE TORTINE

- 90 gr di farina 00
- 50 gr di zucchero di canna
- 4 gr di lievito in polvere
- 1 gr di bicarbonato di sodio
- 2 gr di cannella
- 1 pizzico di sale
- 110 ml di panna per dolci
- 40 gr di burro non salato, sciolto
- 1 uovo
- estratto di vaniglia

MOLLICA DELLE TORTINE

- 15 gr di zucchero bianco
- 15 gr di zucchero di canna
- 1 pizzico di cannella

- 1 pizzico di sale
- 15 gr di burro sciolto
- 25 gr di farina per dolci

PREPARAZIONE

1. Mescolate tutti gli ingredienti per la mollica fino a formare delle briciole piuttosto grossolane.
2. Unite la farina, lo zucchero di canna, il lievito, il bicarbonato, la cannella e il sale in una grande ciotola.
3. In una ciotola separata, mescolate insieme la panna, il burro, l'uovo e la vaniglia fino a quando non si saranno ben amalgamati.
4. Preriscaldate la friggitrice per qualche minuto a 170° C.
5. Ungete degli stampi di ceramica piccoli per tortine (o delle tazze) con lo spray da cucina e versate la pastella.
6. Cospargete la parte superiore delle tortine con la copertura delle briciole.
7. Mettete gli stampini nella friggitrice preriscaldata.
8. Se non vi entrano tutte, fate cuocere più volte.
9. Cuocete le tortine a 170° C per 15 minuti.
10. Servite le tortine calde.

Pane tostato farcito

TEMPO DI PREPARAZIONE: 10 minuti

TEMPO DI COTTURA: 6/8 minuti

CALORIE: 340 Calorie a porzione

MACRONUTRIENTI: CARBOIDRATI: 31 GR PROTEINE: 10 GR GRASSI: 15 GR

INGREDIENTI PER 2 PERSONE

- 2 fetta di pane brioche
- 180 gr di formaggio tipo Philadelphia
- 3 uova grandi
- 30 ml di latte
- 50 ml di panna per dolci
- 70 gr di zucchero
- 6 gr di cannella
- estratto di vaniglia
- Spray da cucina antiaderente
- Pistacchi, tritati, per guarnire

PREPARAZIONE

1. Preriscaldate la friggitrice ad aria a 180° C.
2. Fate una fessura nel mezzo delle fette di pan brioche.
3. Riempite l'interno della fessura con il formaggio spalmabile.
4. Sbattete insieme le uova, il latte, la panna, lo zucchero, la cannella e l'estratto di vaniglia.

5. Immergete il toast ripieno nel composto di uova per 10 secondi su ciascun lato.
6. Spruzzate (o ungete con poco olio) ciascun lato del pane con uno spray da cucina.
7. Mettete il pane farcito nella friggitrice preriscaldata e cuocere per 8 minuti a 180° C.
8. Rimuovete accuratamente il pane con una spatola quando sarà cotto.
9. Servite con pistacchi tritati o con altra frutta secca di vostra preferenza.

Pane alle Noci e banane

TEMPO DI PREPARAZIONE: 10 minuti

TEMPO DI COTTURA: 30 minuti

CALORIE: 315 Calorie a porzione

MACRONUTRIENTI: CARBOIDRATI: 42 GR; PROTEINE: 7 GR; GRASSI: 6 GR

INGREDIENTI PER 3 PERSONE

- 30 gr di burro a temperatura ambiente
- 100 gr di zucchero
- 1 uovo
- 2 banane mature
- estratto di vaniglia
- 20 gr di farina 00
- 3 gr di bicarbonato di sodio
- Un pizzico di sale
- 40 gr di noci tritate
- Spray da cucina antiaderente

PREPARAZIONE

1. Schiacciate le banane e mescolatele con l'uovo, e la vaniglia.
2. In un'altra ciotola sbattete il burro con lo zucchero.
3. Nel frattempo, preriscaldate la friggitrice ad aria a 150° C.
4. Setacciate la farina, il bicarbonato e il sale.
5. Mescolarli con l'impasto di burro e quello di banane e unite le noci tritate.

6. Mescolateli bene fino a quando non otterrete un composto omogeneo.
7. Ungete una mini-teglia (che potrà entrare nella vostra friggitrice ad aria) con lo spray da cucina (o con poco olio) e poi riempitela di pastella.
8. Inserite nella friggitrice preriscaldata.
9. Selezionate la funzione *Desserts*, regolate a 30 minuti e fate cuocere, verificando la cottura del pane di tanto in tanto.
10. Servite il pane alle banane caldo.

Capitolo 3 - Spuntini e contorni

3.1 Ricette per gli spuntini

Finocchi e cipolle al gratin

TEMPO DI PREPARAZIONE: 30 minuti
TEMPO DI COTTURA: 7 minuti
CALORIE: 162 calorie a porzione
MACRONUTRIENTI: CARBOIDRATI: 10 GR; PROTEINE: 5 GR; GRASSI: 11 GR

INGREDIENTI PER 4 PERSONE

- 4 finocchi da tavolo
- 2 cipolle
- 200 ml di besciamella
- Un pizzico di noce moscata

- 40 gr di fontina grattugiata
- 30 gr di burro
- Sale q.b.
- Pepe q.b.

PREPARAZIONE

1. Iniziate con la preparazione dei finocchi. Togliete i ciuffetti verdi, lavateli e asciugateli.
2. Portate a bollore una pentola media d'acqua salata. Giunta ad ebollizione aggiungete i finocchi e lasciate cuocere per 15 minuti.
3. Mettete ad ebollizione con acqua salata un'altra pentola.
4. Nel mentre passate alle cipolle. Sbucciatele e lavatele in acqua corrente.
5. Appena la seconda pentola sarà giunta ad ebollizione versate le cipolle e lasciate cuocere per 20 minuti.
6. Scolate i finocchi, fateli raffreddare e poi tagliateli a spicchi.
7. Scolate le cipolle, fatele raffreddare e poi tagliatele a fettine.
8. Fate fondere 20 gr di burro in una padella antiaderente, unite le verdure, un pizzico di sale e un pizzico di pepe e lasciate insaporire per un paio di minuti.
9. Se la friggitrice ad aria è abbastanza grande mettete le verdure in una sola pirofila, altrimenti dividetele a metà in due teglie piccole di alluminio.

10. Imburrate la pirofila, o una delle due teglie, fate uno strato di finocchi e cipolle e mettete sopra un po' di besciamella. Fate un secondo strato e coprite con la besciamella.
11. Poi cospargete la superficie della besciamella con la fontina grattugiata e il pangrattato.
12. Mettete il cestello nella friggitrice impostata a 200° e per 7 minuti.
13. Se usate le due teglie di alluminio ripete due volte la stessa operazione.
14. Controllate sempre la cottura e se non siete soddisfatte potete lasciare cuocere per un altro paio di minuti.

Gratin di patate alla paprika

TEMPO DI PREPARAZIONE: 20 minuti

TEMPO DI COTTURA: 20 minuti

CALORIE: 472 calorie a porzione

MACRONUTRIENTI: CARBOIDRATI: 32 GR; PROTEINE: 17 GR; GRASSI: 28 GR

INGREDIENTI PER 2 PERSONE

- 300 gr di patate
- 1 uovo
- 50 gr di ricotta
- 50 gr di crescenza
- 20 gr di parmigiano grattugiato
- Un cucchiaino di paprika dolce
- 100 ml di panna da cucina
- 100 ml di latte
- Sale q.b.
- Olio di oliva q.b.

PREPARAZIONE

1. Iniziate con le patate. Sbucciatele e poi tagliatele a rondelle non troppo sottili. Mettete poi le patate in una bacinella d'acqua e lavatele cambiando ripetutamente l'acqua fino a quando le patate non hanno perso tutto l'amido.

2. Sgocciolate le patate, asciugate con carta assorbente e poi mettetele nel cestello della friggitrice ad aria, spolverizzatele con il sale. Sotto il cestello mettete un bicchiere di acqua e fate cuocere le patate per 4 minuti a 180°.
3. Toglietele dal cestello e mettetele da parte a raffreddare.
4. In una ciotola mettete l'uovo e sbattetelo con una forchetta. Aggiungete il latte e la panna da cucina, un pizzico di sale e pepe e amalgamate bene il tutto.
5. Prendete una pirofila e spennellatela con un filo di olio di oliva. Disponetevi le patate. Versate il composto con la panna sulle patate.
6. Distribuite sulla superficie delle patate la ricotta e la crescenza e spolverizzate con il parmigiano.
7. Poi ricoprite tutta la superficie con la paprika.
8. Mettete la pirofila nel cestello della friggitrice, impostatela a 200° per 10 minuti.
9. Controllate la cottura e se le patate non sono ancora morbide continuate per altri 2 minuti.

Involtini di peperoni

TEMPO DI PREPARAZIONE: 30 minuti

TEMPO DI COTTURA: 5 minuti

CALORIE: 123 calorie a porzione

MACRONUTRIENTI: CARBOIDRATI: 14 GR; PROTEINE: 5 GR; GRASSI: 10 GR

INGREDIENTI PER 4 PERSONE

- 1 peperone verde
- 1 peperone giallo
- 1 peperone rosso
- 30 gr di pinoli
- 1 rametto di basilico
- 1 rametto di prezzemolo
- 1 spicchio d'aglio
- 60 gr di pangrattato
- Sale q.b.
- Pepe q.b.
- Olio di oliva q.b.

PREPARAZIONE

1. Iniziate con i peperoni. Lavateli sotto acqua corrente e poi asciugateli.
2. Metteteli nel cestello della friggitrice e impostate la temperatura a 200° per 15 minuti.

3. Passati i 15 minuti, sfornateli e sbucciateli aiutandovi con la lama di un coltello.
4. Eliminate torsolo e semi, e tagliate il peperone in 4 parti nel senso della lunghezza.
5. Condite le strisce di peperoni con olio d'oliva, una spolverata di pepe e un pizzico di sale e metteteli da parte ad insaporirsi per 10 minuti.
6. Adesso preparate il ripieno.
7. Lavate le foglie di basilico e tritatele finemente.
8. Sbucciate l'aglio, lavatelo, asciugatelo e tritatelo finemente.
9. Lavate il prezzemolo, asciugatelo e tritatelo finemente.
10. In una ciotola mescolate assieme i pinoli, il pangrattato, 2 cucchiai di olio di oliva un pizzico di sale e pepe, l'aglio il basilico e il prezzemolo.
11. Spalmate il ripieno nella parte interna di ogni striscia di peperoni.
12. Arrotolate su sé stesse le strisce dei peperoni e fermatele con uno stuzzicadenti.
13. Spennellate con un po' di olio una pirofila e mettete all'interno gli involtini.
14. Mettete la pirofila nel cestello della friggitrice, impostate la temperatura a 200° per 3 minuti.
15. Sfornate gli involtini e servite caldi.

Patate novelle alla salvia

TEMPO DI PREPARAZIONE: 15 minuti
TEMPO DI COTTURA: 15 minuti
CALORIE: 242 calorie a porzione
MACRONUTRIENTI: CARBOIDRATI: 37 GR; PROTEINE: 6 GR; GRASSI: 6 GR

INGREDIENTI PER 2 PERSONE

- 400 gr di patate novelle
- 1 cucchiaino di semi di finocchio
- 4 foglie di salvia
- 1 spicchio d'aglio
- Pepe q.b.
- Sale q.b.
- Olio d'oliva q.b.

PREPARAZIONE

1. Iniziate con le patate novelle. Lavatele e sbucciatele strofinandole con un panno ruvido. Poi asciugatele con carta assorbente.
2. Sbucciate l'aglio, lavatelo, asciugatelo.
3. Lavate ed asciugate le foglie di salvia.
4. In un tegame scaldate dell'olio e poi mettete l'aglio a dorare. Giunto a doratura levate l'aglio e mettete le patate a rosolare le patate a fuoco medio per 5 minuti.

5. Spegnete il fuoco e condite con sale e pepe.
6. Prendete un foglio di alluminio, spennellatelo con un po' di olio e versatevi all'interno le patate con tutto l'olio di frittura. Unite la salvia e i semi di finocchio.
7. Chiudete bene il cartoccio e poi mettetelo nel cestello della friggitrice. Impostate a 180° per 8 minuti.
8. Passati gli 8 minuti aprite il cestello, aprite il cartoccio, spruzzate un altro po' di olio e lasciate cuocere per altri 3 minuti con il cartoccio aperto.

Porri gratinati

TEMPO DI PREPARAZIONE: 30 minuti
TEMPO DI COTTURA: 12 minuti
CALORIE: 272 calorie a porzione
MACRONUTRIENTI: CARBOIDRATI: 8 GR; PROTEINE: 11 GR; GRASSI: 20 GR

INGREDIENTI PER 2 PERSONE

- 4 piccoli porri
- 50 gr di crescenza
- 50 gr di stracchino
- 100 ml di besciamella già pronta
- 1 uovo
- 20 gr di parmigiano grattugiato
- Sale q.b.
- Pepe q.b.
- Olio di oliva q.b.

PREPARAZIONE

1. Iniziate la preparazione con i porri. Mondateli, eliminate le foglie esterne e la parte terminale verde.
2. Lavateli sotto acqua corrente e asciugateli. Poi cuoceteli a vapore per 15 minuti.
3. In una casseruola mettete a riscaldare la besciamella. Quando sarà abbastanza calda unite spegnete il fuoco.
4. Unite la crescenza e lo stracchino.

5. Mescolate fino a quando i due formaggi non sono completamente sciolti.
6. Lasciate leggermente intiepidire il composto, poi unite l'uovo e mescolate ancora fino a quando non si è amalgamato bene al resto del composto.
7. Prendete una pirofila e spennellatela con un filo d'olio di oliva. Adagiatevi prima i porri, poi cospargete il tutto con il composto di besciamella.
8. Spolverizzate la superficie con il parmigiano e una spruzzata di pepe.
9. Mettete la pirofila nel cestello della friggitrice. Impostate la friggitrice a 200° per 10 minuti.
10. Passato il tempo controllate la cottura e se non sono ancora cotti continuate per altri 3 minuti.

Taccole gratinate

TEMPO DI PREPARAZIONE: 20 minuti

TEMPO DI COTTURA: 10 minuti

CALORIE: 280 calorie a porzione

MACRONUTRIENTI: CARBOIDRATI: 6 GR; PROTEINE: 14 GR; GRASSI: 18 GR

INGREDIENTI PER 2 PERSONE

- 300 gr di taccole
- 100 ml di besciamella già pronta
- 10 ml di latte
- 20 gr di Grana grattugiato
- 1 uovo
- Una noce di burro
- 50 gr di fontina grattugiata
- Sale q.b.
- Pepe q.b.

PREPARAZIONE

1. Iniziamo con le taccole. Spuntate le estremità tirando via i filamenti laterali. Metteteli in una ciotola con abbondante acqua per lavarli.
2. In una pentola portate a bollore 2 litri di acqua salata. Giunta a bollore mettete le taccole a cuocere per 5 minuti.
3. Togliete le taccole dal fuoco, scolatele e mettetele da parte ad intiepidirsi.

4. In una ciotola iniziate a sbattere l'uovo. Aggiungete la besciamella e il latte e continuate a mescolare. Salate, pepate e poi unite il Grana e la fontina.
5. Imburrate una pirofila. Versate all'interno della pirofila le taccole e versate il mix di formaggi e besciamella sulle taccole.
6. Mettete la pirofila nel cestello della friggitrice e cuocete per 6 minuti a 200°.
7. Controllate la cottura e se si è formata la crosticina allora finite di cuocere altrimenti continuate la cottura per altri 2 minuti.

3.2 Ricette contorni

Involtini di peperoni

TEMPO DI PREPARAZIONE: 30 minuti

TEMPO DI COTTURA: 5 minuti

CALORIE: 123 calorie a porzione

MACRONUTRIENTI: CARBOIDRATI: 14 GR; PROTEINE: 5 GR; GRASSI: 10 GR

INGREDIENTI PER 4 PERSONE

- 1 peperone verde
- 1 peperone giallo
- 1 peperone rosso
- 30 gr di pinoli

- 1 rametto di basilico
- 1 rametto di prezzemolo
- 1 spicchio d'aglio
- 60 gr di pangrattato
- Sale q.b.
- Pepe q.b.
- Olio di oliva q.b.

PREPARAZIONE

16. Iniziate con i peperoni. Lavateli sotto acqua corrente e poi asciugateli.
17. Metteteli nel cestello della friggitrice e impostate la temperatura a 200° per 15 minuti.
18. Passati i 15 minuti, sfornateli e sbucciateli aiutandovi con la lama di un coltello.
19. Eliminate torsolo e semi, e tagliate il peperone in 4 parti nel senso della lunghezza.
20. Condite le strisce di peperoni con olio d'oliva, una spolverata di pepe e un pizzico di sale e metteteli da parte ad insaporirsi per 10 minuti.
21. Adesso preparate il ripieno.
22. Lavate le foglie di basilico e tritatele finemente.
23. Sbucciate l'aglio, lavatelo, asciugatelo e tritatelo finemente.
24. Lavate il prezzemolo, asciugatelo e tritatelo finemente.

25. In una ciotola mescolate assieme i pinoli, il pangrattato, 2 cucchiai di olio di oliva un pizzico di sale e pepe, l'aglio il basilico e il prezzemolo.
26. Spalmate il ripieno nella parte interna di ogni striscia di peperoni.
27. Arrotolate su sé stesse le strisce dei peperoni e fermatele con uno stuzzicadenti.
28. Spennellate con un po' di olio una pirofila e mettete all'interno gli involtini.
29. Mettete la pirofila nel cestello della friggitrice, impostate la temperatura a 200° per 3 minuti.
30. Sfornate gli involtini e servite caldi.

Patate novelle alla salvia

TEMPO DI PREPARAZIONE: 15 minuti
TEMPO DI COTTURA: 15 minuti
CALORIE: 242 calorie a porzione
MACRONUTRIENTI: CARBOIDRATI: 37 GR; PROTEINE: 6 GR; GRASSI: 6 GR

INGREDIENTI PER 2 PERSONE

- 400 gr di patate novelle
- 1 cucchiaino di semi di finocchio
- 4 foglie di salvia
- 1 spicchio d'aglio
- Pepe q.b.
- Sale q.b.
- Olio d'oliva q.b.

PREPARAZIONE

9. Iniziate con le patate novelle. Lavatele e sbucciatele strofinandole con un panno ruvido. Poi asciugatele con carta assorbente.
10. Sbucciate l'aglio, lavatelo, asciugatelo.
11. Lavate ed asciugate le foglie di salvia.
12. In un tegame scaldate dell'olio e poi mettete l'aglio a dorare. Giunto a doratura levate l'aglio e mettete le patate a rosolare le patate a fuoco medio per 5 minuti.

13. Spegnete il fuoco e condite con sale e pepe.
14. Prendete un foglio di alluminio, spennellatelo con un po' di olio e versatevi all'interno le patate con tutto l'olio di frittura. Unite la salvia e i semi di finocchio.
15. Chiudete bene il cartoccio e poi mettetelo nel cestello della friggitrice. Impostate a 180° per 8 minuti.
16. Passati gli 8 minuti aprite il cestello, aprite il cartoccio, spruzzate un altro po' di olio e lasciate cuocere per altri 3 minuti con il cartoccio aperto.

Porri gratinati

TEMPO DI PREPARAZIONE: 30 minuti
TEMPO DI COTTURA: 12 minuti
CALORIE: 272 calorie a porzione
MACRONUTRIENTI: CARBOIDRATI: 8 GR; PROTEINE: 11 GR; GRASSI: 20 GR

INGREDIENTI PER 2 PERSONE

- 4 piccoli porri
- 50 gr di crescenza
- 50 gr di stracchino
- 100 ml di besciamella già pronta
- 1 uovo
- 20 gr di parmigiano grattugiato
- Sale q.b.
- Pepe q.b.
- Olio di oliva q.b.

PREPARAZIONE

11. Iniziate la preparazione con i porri. Mondateli, eliminate le foglie esterne e la parte terminale verde.
12. Lavateli sotto acqua corrente e asciugateli. Poi cuoceteli a vapore per 15 minuti.
13. In una casseruola mettete a riscaldare la besciamella. Quando sarà abbastanza calda unite spegnete il fuoco.
14. Unite la crescenza e lo stracchino.

15. Mescolate fino a quando i due formaggi non sono completamente sciolti.
16. Lasciate leggermente intiepidire il composto, poi unite l'uovo e mescolate ancora fino a quando non si è amalgamato bene al resto del composto.
17. Prendete una pirofila e spennellatela con un filo d'olio di oliva. Adagiatevi prima i porri, poi cospargete il tutto con il composto di besciamella.
18. Spolverizzate la superficie con il parmigiano e una spruzzata di pepe.
19. Mettete la pirofila nel cestello della friggitrice. Impostate la friggitrice a 200° per 10 minuti.
20. Passato il tempo controllate la cottura e se non sono ancora cotti continuate per altri 3 minuti.

Taccole gratinate

TEMPO DI PREPARAZIONE: 20 minuti

TEMPO DI COTTURA: 10 minuti

CALORIE: 280 calorie a porzione

MACRONUTRIENTI: CARBOIDRATI: 6 GR; PROTEINE: 14 GR; GRASSI: 18 GR

INGREDIENTI PER 2 PERSONE

- 300 gr di taccole
- 100 ml di besciamella già pronta
- 10 ml di latte
- 20 gr di Grana grattugiato
- 1 uovo
- Una noce di burro
- 50 gr di fontina grattugiata
- Sale q.b.
- Pepe q.b.

PREPARAZIONE

8. Iniziamo con le taccole. Spuntate le estremità tirando via i filamenti laterali. Metteteli in una ciotola con abbondante acqua per lavarli.
9. In una pentola portate a bollore 2 litri di acqua salata. Giunta a bollore mettete le taccole a cuocere per 5 minuti.
10. Togliete le taccole dal fuoco, scolatele e mettetele da parte ad intiepidirsi.

11. In una ciotola iniziate a sbattere l'uovo. Aggiungete la besciamella e il latte e continuate a mescolare. Salate, pepate e poi unite il Grana e la fontina.
12. Imburrate una pirofila. Versate all'interno della pirofila le taccole e versate il mix di formaggi e besciamella sulle taccole.
13. Mettete la pirofila nel cestello della friggitrice e cuocete per 6 minuti a 200°.
14. Controllate la cottura e se si è formata la crosticina allora finite di cuocere altrimenti continuate la cottura per altri 2 minuti.

Capitolo 4 - Maiale, agnello e manzo

4.1 Ricette di maiale

Bombette di Carne Ripiene

TEMPO DI PREPARAZIONE: 5 minuti
TEMPO DI COTTURA: 8/10 minuti
CALORIE: 230 Calorie a porzione

MACRONUTRIENTI: CARBOIDRATI: 5 GR; PROTEINE: 16 GR; GRASSI: 10 GR

INGREDIENTI PER 2 PERSONE

- 250 gr carne di maiale macinata
- 1 uovo
- 100 gr di pangrattato
- 15 gr parmigiano grattugiato
- formaggio (a fette o pezzi) q.b.
- 1 ciuffo di prezzemolo
- sale q.b.

PREPARAZIONE

1. Mettete il pangrattato in ammollo con acqua fredda. Preparate l'impasto delle bombette: in un robot o in una ciotola mettete la carne macinata. Unite le uova, poi la mollica di pane strizzata e sbriciolata, il parmigiano, il prezzemolo tritato e il sale.

2. Impastate bene con le mani, formando un composto ben amalgamato e compatto che non risulti tropo morbido.

3. Staccate dei pezzetti di impasto e farciteli con il formaggio in pezzi, poi arrotolati formando delle polpette schiacciate e molto simili a degli hamburger.

4. adagiare le bombette sul cestello senza carta forno (se volete potere ungerlo con un po' d'olio).

5. Cuocetele a 180° per 8/9 minuti poi giratele e aumentate a 200° per altri 2-3 minuti. I tempi potrebbero variare a seconda del modello e della dimensione delle bombette.

6. Servire le bombette ancora calde.

Hamburger di prosciutto e zucchine

TEMPO DI PREPARAZIONE: 10/15 minuti
TEMPO DI COTTURA: 15/20 minuti
CALORIE: 210 Calorie a porzione
MACRONUTRIENTI: CARBOIDRATI: 12 GR; PROTEINE: 21 GR; GRASSI: 7 GR

INGREDIENTI PER 3 PERSONE

- 2zucchine
- 4 fette pane bianco (o mollica di pane raffermo)
- 1uovo
- 2 cucchiai parmigiano grattugiato
- 2 foglie basilico
- 2 foglie menta
- 2 fette prosciutto cotto
- 2 fette scamorza (o emmenthal)
- sale q.b.
- olio di oliva q.b.

PREPARAZIONE

1. Lavate le zucchine, spuntatele e tagliatele a pezzetti in maniera grossolana. Metteteli in un mixer e tritateli ad

intermittenza: devono risultare grattugiate finemente e non ridotte in purea. In alternativa al mixer potete grattugiarle alla julienne usando una grattugia a fori larghi.

2. Sempre nel mixer tritate il pane (o il pangrattato), assieme al basilico e alla menta, riducendolo in briciole. Unite il pane alle zucchine in una ciotola, aggiungete il parmigiano, l'uovo e sale. Mescolate con le mani per amalgamare tutti gli ingredienti ottenendo un composto morbido ma non troppo molle: nel caso unite un po' di *pangrattato* oppure mollica di pane sbriciolata.

3. Date la forma ai vostri burger, mettendo un po' di impasto della carne su un foglio di carta forno, aggiungendo il prosciutto cotto e la scamorza, ed infine l'impasto di zucchine.

4. Sigillate bene i bordi e passate gli hamburger nella panatura al parmigiano.

5. Mettete direttamente nel cestello della friggitrice ad aria gli hamburger, versate sopra qualche goccia di olio e cuoceteli per 15 minuti a 190 gradi.

6. Servite gli hamburger soli, o con un panino e salse a piacere.

Uova ripiene di salsiccia

TEMPO DI PREPARAZIONE: 5 minuti
TEMPO DI COTTURA: 15 minuti
CALORIE: 425 Calorie a porzione
MACRONUTRIENTI: CARBOIDRATI: 19 GR; PROTEINE: 24 GR; GRASSI: 35 GR

INGREDIENTI PER 2 PERSONE

- 280 gr di salsiccia di maiale tritata
- 2 gr di aglio in polvere
- 1 gr cipolla in polvere
- 1 gr di salvia essiccata
- Sale e pepe nero q.b.
- 4 uova bollite mediamente e pelate
- 60 gr di farina
- 1 uovo sbattuto
- 40 g gr di pangrattato
- Spray da cucina antiaderente

PREPARAZIONE

1. Mescolate insieme la salsiccia, l'aglio in polvere, la cipolla in polvere, la salvia, il sale e il pepe.
2. Dividete in quattro palline.
3. Avvolgete ciascuna delle uova bollite con la salsiccia finché l'uovo non venga completamente ricoperto da essa.

4. Impanate le uova coperte di salsiccia prima con la farina, poi immergerle nell'uovo sbattuto e poi passatele nel pangrattato.
5. Immergete nuovamente nell'uovo e poi nel pangrattato.
6. Preriscaldate la friggitrice ad aria per un paio di minuti a 180° C.
7. Spruzzate abbondantemente le uova con lo spray da cucina (o ungerle direttamente con l'olio).
8. Mettete le uova nella friggitrice preriscaldata.
9. Selezionate la funzione surgelati per un tempo di 15 minuti ricordando che, a metà cottura, bisogna scuotere il cestello.
10. Servite calde, non appena pronte.

Braciole di maiale ai pomodorini

TEMPO DI PREPARAZIONE: 15 minuti
TEMPO DI COTTURA: 15 minuti
CALORIE: 334 calorie a porzione
MACRONUTRIENTI: CARBOIDRATI: 6 GR; PROTEINE: 27 GR; GRASSI: 19 GR

INGREDIENTI PER 2 PERSONE

- 2 braciole di maiale da 150 gr ciascuna
- 300 gr di pomodorini
- 1 spicchio d'aglio
- 20 gr di pangrattato
- 1 cucchiaio di parmigiano grattugiato
- 1 cucchiaino di origano secco
- Olio di oliva q.b.
- Sale q.b.
- Pepe q.b.

PREPARAZIONE

1. Iniziate con i pomodorini. Lavateli sotto acqua corrente, asciugateli e poi tagliateli a metà.
2. Sbucciate e lavate l'aglio.
3. In una padella antiaderente mettete a scaldare un cucchiaio di olio di oliva. Appena sarà caldo mettete a soffriggere l'aglio.

4. Quando l'aglio sarà ben dorato toglietelo dalla padella e mettete le braciole. Aggiustate di sale e pepe e fatele soffriggere 3 minuti per lato.
5. Togliete le braciole dalla padella e mettetele in un piatto.
6. Sempre nella stessa padella con l'olio di cottura del maiale mettete a soffriggere i pomodorini. Aggiustate di sale e pepe e fate cuocere per 4 minuti. Tenete l'olio da parte.
7. In una ciotola mescolate assieme pangrattato, parmigiano, origano, un pizzico di sale e di pepe.
8. Mettete in una pirofila metà del fondo di cottura dei pomodorini. Adagiatevi sopra le braciole. Irrorate le braciole con l'altra metà del fondo di cottura e poi ricoprite il tutto con il mix di pangrattato.
9. Adagiate lateralmente i pomodorini e spruzzate il tutto con un po' di olio di oliva.
10. Mettete la pirofila nel cestello della friggitrice e impostate la temperatura a 200° per 5 minuti.
11. Controllate la cottura e se non ancora pronte continuate per altri 2 minuti.

4.2 Ricette di vitello

Spiedini vitello al pistacchio

TEMPO DI PREPARAZIONE: 5/6 minuti
TEMPO DI COTTURA: 10 minuti
CALORIE: 290 Calorie a porzione
MACRONUTRIENTI: CARBOIDRATI: 2 GR; PROTEINE: 36 GR; GRASSI: 21 GR

INGREDIENTI PER 2 PERSONE

- 300 gr macinato di manzo

- 1 uovo piccolo

- 50 gr parmigiano reggiano grattugiato (o grana padano)

- mezzo spicchio aglio tritato (o aglio in polvere)
- cucchiai di farina di pistacchio e q.b. per la spolverata finale
- sale fino q.b.
- pepe nero q.b.
- prezzemolo tritato q.b.
- 1 cucchiaio di olio di oliva

PREPARAZIONE
1. In una ciotola capiente, mettere il macinato, il parmigiano o grana grattugiato, il sale, il pepe, l'uovo, lo spicchio di aglio sminuzzato finemente il prezzemolo tritato e la farina di pistacchio;
2. Amalgamate insieme tutti gli ingredienti fino ad incorporarli nella carne ed ottenere un composto omogeneo.
3. A questo punto, dividete l'impasto in due parti.
4. Trasferite in un piatto piano o un vassoio, una parte del composto ed appiattirlo fino ad ottenere un rettangolo dello spessore di 1,2 cm circa, largo circa 12 cm e lungo 15 cm circa
5. Formato il rettangolo, con un coltello o una rotella per pizza, tagliare delicatamente il rettangolo per il lato largo 12 cm in 10 pezzi larghi circa 1,2 cm.
6. Ora, inserire gli stecchini, precedentemente inumiditi.
7. Chiudere l'impasto, modellandolo con le mani.

8. Riporre gli spiedini direttamente nel cestello forato e cuocete a 180° C per circa 8/10 minuti verificando la cottura di tanto in tanto.
9. Servire caldi con un ulteriore spolverata di farina di pistacchio.

Cotolette panate ai crackers

TEMPO DI PREPARAZIONE: 15 minuti

TEMPO DI COTTURA: 10 minuti

CALORIE: 280 Calorie a porzione

MACRONUTRIENTI: CARBOIDRATI: 8,4 GR; PROTEINE: 21 GR; GRASSI: 12 GR

INGREDIENTI PER 2 PERSONE

- 4 fettine di vitello magro
- 2pacchetti di cracker (integrali, classici, a vostra scelta)
- 1uovo
- erbe aromatiche (prezzemolo, origano, timo) q.b
- sale q.b.
- olio di oliva q.b.

PREPARAZIONE

1. Preparate la panatura: sbriciolate in un mixer i cracker, riducendoli in una granella abbastanza grossa, così da avere un effetto croccante.
2. Insaporite i cracker con erbe aromatiche tritate e sale.
3. Sbattete l'uovo con un pizzico di sale.

4. Impanate le cotolette prima nell'uovo e poi nella panatura di crackers, facendo una leggera pressione con il palmo delle mani in modo da farla aderire.

5. Adagiate le cotolette direttamente sul cestello della friggitrice ad aria e spruzzatele con po' di olio d'oliva (o ungete il cestino).

6. Cuocetele a 180° per 10 minuti girandole a metà cottura e spruzzandole ancora con un po' di olio, se preferite.

7. Servire ben calde.

Peperoni ripieni di carne

TEMPO DI PREPARAZIONE: 10 minuti

TEMPO DI COTTURA: 12/15 minuti

CALORIE: 520 Calorie a porzione

MACRONUTRIENTI: CARBOIDRATI: 15 GR; PROTEINE: 36 GR; GRASSI: 29 GR

INGREDIENTI PER 3 PERSONE

- 400 gr carne di manzo macinata
- 150 Gr di mortadella (in unica fetta)
- 2uova
- 3 cucchiai di pangrattato
- 1 pizzico di sale
- pepe q.b.
- 1 rametto di rosmarino
- 4 foglie di salvia

PREPARAZIONE

1. Tagliate la parte superiore dei peperoni e mettete da parte e delicatamente eliminate i semi e i filamenti bianchi interni.
2. Sciacquate l'interno e metteteli a scolare.
3. Nel frattempo, sminuzzate il rosmarino e la salvia.

4. Tritate grossolanamente la mortadella e aggiungere al macinato, le uova, il pangrattato, il sale, il pepe e le erbe aromatiche sminuzzate.

5. Amalgamate il tutto e riempire i peperoni ad uno ad uno con l'impasto ottenuto.

6. Chiudete i peperoni con la loro calotta.

7. Sistemate sul fondo del cestello della friggitrice ad aria un foglio di alluminio (oppure senza ungendo il cestello con poco olio) e adagiate i peperoni ripieni in modo che rimangano in piedi durante la cottura.

8. Cucinate con funzione verdure a 200° C per almeno 15 minuti, verificando sempre la cottura di tanto in tanto

9. Servite i peperoni ripieni di carne caldi.

Zucchine ripiene di carne di manzo

TEMPO DI PREPARAZIONE: 10 minuti

TEMPO DI COTTURA: 22 minuti

CALORIE: 260 Calorie a porzione

MACRONUTRIENTI: CARBOIDRATI: 8 GR; PROTEINE: 31 GR; GRASSI: 9 GR

INGREDIENTI PER 3 PERSONE

- 2 zucchine grandi
- 300 gr di macinato di manzo magro
- 60 gr di feta sbriciolata
- Sale e Pepe nero macinato fresco q.b.
- 1 spicchio di aglio schiacciato
- 1 cucchiaino di paprika in polvere

PREPARAZIONE

1. Eliminate le estremità della zucchina e tagliatela in sei parti uguali.
2. Scavate ogni parte con un cucchiaino formando una barchetta a circa 1/2 cm dal bordo e 1 cm dalla parte inferiore.
3. Condite l'interno con del sale.
4. Preriscaldate la friggitrice ad aria a 170 °C.
5. Mescolate la carne tritata con la feta, l'aglio, la paprika in polvere e il pepe.
6. Dividete la carne in otto parti uguali.

7. Riempite le sezioni di zucchina con il composto applicando una leggera pressione.
8. Disponete le zucchine nella teglia e posizionare la teglia nel cestello.
9. Inserite il cestello e impostate il timer su 22 minuti. Cuocere fino a quando le zucchine non diventano dorate.
10. Servite calde.

4.3 Ricette di agnello

Carrè di agnello con crosta di pinoli

TEMPO DI PREPARAZIONE: 5 minuti + 10 minuti di riposo

TEMPO DI COTTURA: 15/20 minuti

CALORIE: 360 Calorie a porzione

MACRONUTRIENTI: CARBOIDRATI: 11.2 GR; PROTEINE: 32 GR; GRASSI: 16.4 GR

INGREDIENTI PER 2 PERSONE

- 1 carré di agnello (da 4 costine ciascuna), a temperatura ambiente
- sale q.b.
- pepe nero macinato sul momento q.b.
- 1 cucchiaio di olio di oliva

- 50 gr di pinoli
- 1 arancia piccola (o mezza grande)
- 10 gr di prezzemolo
- 10 gr di basilico
- 50 gr pangrattato
- 1 uovo piccolo

PREPARAZIONE

1. Tostate i pinoli in una padella senza olio per 2-3 minuti finché non diventano dorati, quindi lasciateli raffreddare. Lavate l'arancia e grattugiate due cucchiaini di scorza.
2. Frullate i pinoli, la scorza d'arancia, il prezzemolo, il basilico, il pangrattato e l'uovo, quindi salate e pepate a piacere. Questo composto può essere preparato con un giorno di anticipo e conservato in frigo fino all'utilizzo.
3. Preriscaldare la friggitrice ad aria a 200°C.
4. Condite il carré di agnello con sale e pepe a piacere.
5. Scaldate l'olio in una padella e rosolare i carré di agnello per 1-2 minuti.
6. Togliete la carne dalla padella, posizionarla su una teglia da forno (adatta alla friggitrice) con gli ossi rivolti verso l'alto, quindi cospargerla da entrambi i lati con il composto di pinoli ed erbe.
7. Fate cuocere per circa 10/15 minuti e verificarne la cottura.
8. Lasciate riposare la carne 10 minuti dopo averla tirata fuori dalla friggitrice e servite.

Polpette di agnello e feta

TEMPO DI PREPARAZIONE: 5 minuti

TEMPO DI COTTURA: 10 minuti

CALORIE: 320 Calorie a porzione

MACRONUTRIENTI: CARBOIDRATI: 14 GR; PROTEINE: 31 GR; GRASSI: 21 GR

INGREDIENTI PER 4 PERSONE

- 300 gr di carne tritata di agnello
- Mezza buccia di limone grattugiata
- 100 gr di formaggio feta schiacciato
- 2 cucchiai di origano fresco tritato finemente
- Pangrattato q.b.
- Pepe nero macinato fresco q.b.
- Sale q.b.

PREPARAZIONE

1. Preriscaldate la friggitrice ad aria a 180 °C, per qualche minuto.
2. In un recipiente, mescolate la carne tritata con il pangrattato, la feta, l'origano, la buccia di limone e il pepe nero mescolando accuratamente.
3. Formate le polpette (ne verranno circa una ventina).
4. Disponete le polpette nella teglia e la teglia nel cestello della friggitrice ad aria.

5. Impostate il timer su 10 minuti e cuocete le polpette fino a quando non diventano dorate.
6. Servite calde.

Capitolo 5 - Ricette pollame

Hamburger di pollo e tacchino con zucchine

TEMPO DI PREPARAZIONE: 15 minuti

TEMPO DI COTTURA: 30 minuti

CALORIE: 200 Calorie a porzione

MACRONUTRIENTI: CARBOIDRATI: 4 GR; PROTEINE: 21 GR; GRASSI: 9 GR

INGREDIENTI PER 4 PERSONE

- 400 gr petto di pollo e tacchino

- ½peperone
- ½cipolla
- 1zucchina
- 2 fette di sottilette light
- sale q.b.

PREPARAZIONE

1. Lavate e pulite le verdure.
2. Tagliate a fettine la zucchina e la cipolla, aprite bene il peperone e fate cuocere per 10 minuti in friggitrice ad aria impostata a 180 gradi.
3. Salare a fine cottura e spelare il peperone.
4. Frullate il petto di pollo con un robot e aggiungete peperone, zucchina e cipolla fatti a pezzetti.
5. Aggiustare di sale.
6. Spezzettate ora le sottilette e con una spatola mescolate il tutto.
7. Formare con l'impasto degli hamburgers non troppo alti e disporli sul cestello della friggitrice ad aria.
8. Fate cuocere sempre a 180° C per 20 minuti.
9. Servire gli hamburger ancora caldi da soli o in un panino.

Hamburger tacchino speck e formaggio

TEMPO DI PREPARAZIONE: 5 minuti

TEMPO DI COTTURA: 15/20 minuti

CALORIE: 250 Calorie a porzione

MACRONUTRIENTI: CARBOIDRATI: 9 GR; PROTEINE: 27 GR; GRASSI: 10 GR

INGREDIENTI PER 2 PERSONE

- 400 gr di macinato di tacchino
- 80 gr di speck
- 1 uovo
- 1 cucchiaino di senape
- 1 cucchiaio di parmigiano grattugiato
- 1 cucchiaio di Edamer grattugiato
- 1 cucchiaino di capperi
- aglio in polvere q.b.
- cipolla in polvere
- origano q.b.
- Zenzero in polvere q.b.
- Paprika piccante q.b.

PREPARAZIONE

1. Frullate il petto di tacchino tagliato a pezzi, e poi aggiungete le uova, le spezie e i formaggi, lo speck e la senape.

2. Impastate bene con le mani il mix che si sarà creato, e amalgamate bene tutti gli ingredienti.

3. Adesso è il giunto il momento di formare gli hamburger.

4. Prendete un po' di impasto e pressatelo per dargli la forma che desiderate.

5. Sarebbe meglio utilizzare della carta da forno per pressarli e dargli la forma.

6. Adagiate gli hamburger sulla carta da forno ed iniziare a livellare con le mani lo spessore desiderato.

7. Impostare il programma carne e la temperatura a 180° C e fate cuocere per 10 minuti.

8. Aumentate poi a 200°C e proseguite la cottura per altri 7 minuti.

9. Servire gli hamburger caldi.

Involtini di tacchino con zucchine

TEMPO DI PREPARAZIONE: 5 minuti
TEMPO DI COTTURA: 15 minuti
CALORIE: 240 Calorie a porzione
MACRONUTRIENTI: CARBOIDRATI: 9 GR; PROTEINE: 26 GR; GRASSI: 10 GR

INGREDIENTI PER 2 PERSONE

- 4 fette di petti di tacchino
- 1 zucchina
- 2 sottilette light
- sale, pepe e aromi q.b.
- qualche spruzzata di olio di oliva

PREPARAZIONE

1. Lavate, sbucciate, e grattugiate la zucchina.
2. Sul tagliere, battete il petto di tacchino con il batticarne, salate e pepate a piacere, e aggiungete anche aromi come rosmarino, se vi piacciono.
3. Ricoprite la carne con le zucchine, lasciando i bordi.
4. Ora spezzettate la sottiletta e mettete i pezzi sopra il petto di tacchino.
5. Arrotolare la carne e mettete direttamente sulla griglia della friggitrice ad aria.

6. Mettete qualche goccia di olio sulla superficie per renderli croccanti durante la cottura.

7. Inserite la carne nel cestello della friggitrice ad aria, (già preriscaldata per qualche minuto a 180 gradi) per 15 minuti.

8. Servire gli involtini di tacchino caldi.

Cotolette di tacchino impanate

TEMPO DI PREPARAZIONE: 10 minuti

TEMPO DI COTTURA: 20/25 minuti

CALORIE: 220 Calorie a porzione

MACRONUTRIENTI: CARBOIDRATI: 11 GR; PROTEINE: 16 GR; GRASSI: 12 GR

INGREDIENTI PER 2 PERSONE

- 6 fette di petto di tacchino
- 1 uovo grande
- 3 cucchiai di pangrattato
- 1 ciuffo di Prezzemolo
- Sale q.b.
- Olio extravergine d'oliva q.b.

PREPARAZIONE

1. Versate l'uovo in una ciotola e mescolatelo con una forchetta.
2. Aggiungete un pizzico di sale e a piacere un po' di prezzemolo tritato,
3. Amalgamare bene il tutto.
4. Passate il petto di tacchino prima nell'uovo, poi nel pangrattato, premete leggermente con le dita in modo da farlo aderire perfettamente.
5. Utilizzate un pennello o un cucchiaio per oliare le fettine.

6. Impostare la temperatura della friggitrice ad aria a 200° C e fate cuocere le fettine impanate di tacchino per 20/25 minuti circa.

7. Passati 20 minuti, controllare la doratura in modo da valutare se sia sufficiente o meno.

8. Servire le fettine calde e ben dorate.

Salsiccia di tacchino e pollo con patate

TEMPO DI PREPARAZIONE: 6 minuti

TEMPO DI COTTURA: 30 minuti

CALORIE: 290 Calorie a porzione

MACRONUTRIENTI: CARBOIDRATI: 16 GR; PROTEINE: 25 GR; GRASSI: 10 GR

INGREDIENTI PER 2 PERSONE

- 400g di salsiccia di tacchino e pollo
- 4 patate medie
- 1 rametto di rosmarino
- Olio di oliva q.b.

PREPARAZIONE

1. Dato che le salsicce sono già molto speziate non occorreranno sale o pepe.
2. Sbucciate, lavate e tagliate a cubetti piccoli le patate.
3. Tagliate anche le salsicce a tocchetti.
4. Mettete gli ingredienti su una teglia adatta alla friggitrice ben oliata oppure inserite il tutto ben amalgamato nel cestello della friggitrice ad aria.
5. Aggiungete il rosmarino.
6. Cospargere con un po' d'olio la superficie degli ingredienti.

7. Fate cuocere 30 minuti a 180°C avendo l'accortezza di mescolare ogni tanto fino a cottura ultimata.
8. Servite il piatto caldo.

Petto di tacchino marinato

TEMPO DI PREPARAZIONE: 5 minuti + un'ora di marinatura
TEMPO DI COTTURA: 50 minuti
CALORIE: 160 Calorie a porzione
MACRONUTRIENTI: CARBOIDRATI: 0,5 GR; PROTEINE: 30 GR; GRASSI: 4 GR

INGREDIENTI PER 2 PERSONE

- 300 gr di petto di tacchino
- Mix spezie varie q.b.
- Sale e pepe q.b.
- 1 cucchiaio di salsa Worcestershire

PREPARAZIONE

1. Fate marinare l'intero petto di tacchino con il condimento misto di spezie e salsa Worcestershire per almeno un'ora.
2. Una volta che il petto di tacchino sia stato marinato, rimuovetelo dalla marinata e mettetelo nel cestello della friggitrice ad aria.
3. Cuocerlo fino a quando non raggiunge una temperatura interna di 165ºF.
4. Per far questo utilizzate un termometro a lettura istantanea per controllare la temperatura.
5. Fate cuocere il petto di tacchino per circa 50 a 55 minuti con la friggitrice ad aria impostata a 180 gradi.
6. Servire caldo.

Fesa di tacchino al cartoccio

TEMPO DI PREPARAZIONE: 25 minuti

TEMPO DI COTTURA: 12 minuti

CALORIE: 297 calorie a persona

MACRONUTRIENTI: CARBOIDRATI 4 GR; PROTEINE 51 GR; GRASSI 5 GR

INGREDIENTI PER 2 PERSONE

- 400 gr di fesa di tacchino
- 1 carota
- 1 cipolla piccola
- 1 costa di sedano
- 1 spicchio d'aglio
- 50 ml di vino bianco
- 100 ml di brodo di carne
- 25 gr di pomodoro pelato
- 100 gr di funghi champignon
- 1 rametto di prezzemolo
- 1 rametto di rosmarino
- Farina q.b.
- Olio d'oliva q.b.
- Sale q.b.
- Pepe q.b.

PREPARAZIONE

1. Iniziate la preparazione con le verdure.
2. Sbucciate la cipolla, lavatela sotto acqua corrente e poi affettatela.
3. Togliete i filamenti laterali del sedano, lavatelo, asciugatelo e poi tritatelo finemente.
4. Togliete le foglie al rametto di rosmarino, lavatele e asciugatele.
5. Togliete l'estremità alla carota, sbucciatela, lavatela, asciugatela e poi tritatela.
6. Lavate il prezzemolo, asciugatelo e poi tritatelo.
7. Sbucciate e lavate l'aglio.
8. Pulite i funghi eliminando la parte inferiore. Lavate la parte superiore, asciugatela e tagliatela a fettine sottili.
9. Adesso passate al tacchino. Togliete se presente il grasso e poi tagliatelo a pezzetti. Poi infarinate i pezzetti di tacchino.
10. Mettete un filo d'olio in un tegame, fatelo riscaldare e poi rosolate il tacchino per 4 minuti rigirando la carne da tutti i lati.
11. Mettete la carne su carta assorbente per eliminare l'eccesso d'olio.
12. Mettete sul tegame un altro filo di olio e soffriggete l'aglio. Quando sarà dorato eliminatelo e aggiungete carote, cipolle, sedano e funghi.
13. Fate soffriggere le verdure per 5 minuti. Aggiungete il pomodoro pelato, aggiustate di sale e pepe e fate cuocere per altri 2 minuti.

14. In una ciotola mettete il vino, un cucchiaio di olio, il prezzemolo, il rosmarino un pizzico di sale e pepe. Amalgamate bene il tutto.
15. Prendete un foglio di alluminio. Spennellatelo con un po' di olio e mettete sul fondo le verdure con il fondo di cottura. Adagiatevi sopra il tacchino e irrorate il tutto con la marinatura.
16. Chiudete bene il cartoccio, mettetelo sul cestello della friggitrice impostate la temperatura a 180° per 10 minuti con il programma carni.
17. Passati i 10 minuti, aprite il cartoccio e fate cuocere per altri 2 minuti.
18. Servite direttamente il cartoccio in tavola.

Faraona ripiena

TEMPO DI PREPARAZIONE: 20 minuti

TEMPO DI COTTURA: 30 minuti

CALORIE: 623 a porzione

MACRONUTRIENTI: CARBOIDRATI: 10 GR; PROTEINE: 68 GR; GRASSI: 31 GR

INGREDIENTI PER 2 PERSONE

- Una faraona intera da 400 gr già disossata
- 120 gr di macinato di bovino
- 2 cucchiai di pangrattato
- Un cucchiaino di timo essiccato
- Mezzo misurino di dado granulare
- Un uovo
- 20 gr di parmigiano grattugiato
- 200 gr di broccoli
- Uno spicchio d'aglio
- Un pizzico di cannella in polvere
- Aceto balsamico q.b.
- Olio d'oliva q.b.
- Sale q.b.
- Pepe q.b.

PREPARZIONE

1. Iniziate con il preparare il ripieno della faraona. In una ciotola mettete il trito di carne, il parmigiano, il timo, il pangrattato, l'uovo, sale, pepe e un pizzico di cannella.
2. Amalgamate bene il tutto.
3. Adesso prendete la faraona, lavatela sotto acqua corrente e poi asciugatela con un canovaccio pulito o con carta assorbente.
4. Stendete la faraona su un foglio di carta alluminio che avete precedentemente oleato e spolverizzato con il dado.
5. Inumiditevi le mani, prendete il ripieno e formate una specie di salsicciotto che metterete al centro della faraona.
6. Arrotolate e sigillate bene le estremità del foglio di alluminio.
7. Mettete il cartoccio direttamente nel cestello della friggitrice ad aria e impostate a 200° per 25 minuti.
8. Nel mentre preparate il contorno di accompagnamento.
9. Lavate i broccoli, togliete la parte inferiore e tenete solo i fiori.
10. In una padella antiaderente scaldate un filo d'olio. Mettete ad imbiondire l'aglio. Appena l'aglio sarà dorato, toglietelo dalla padella e aggiungete i broccoli.
11. Lasciateli rosolare, aggiungendo se necessario qualche po' di acqua, fino a quando non saranno teneri.
12. Aggiustate di sale e pepe e poi sfumate con un po' di aceto balsamico.
13. Togliete dal fuoco e metteteli da parte.
14. Passati i 25 minuti controllate la cottura della faraona, se non risulta ben cotta continuate ancora per altri 5 minuti.

15. Assicuratevi sempre che la carne sia ben cotta, perché essendo un volatile la carne non deve mai rimanere cruda.
16. Servite la faraona tagliata a rondelle e contornata con i broccoli.

Capitolo 6 - Ricette vegane e vegetariane

6.1 Ricette vegane

Verdure arrosto miste

TEMPO DI PREPARAZIONE: 10 minuti

TEMPO DI COTTURA: 20 minuti

CALORIE: 60 Calorie a porzione

MACRONUTRIENTI: CARBOIDRATI: 4.5 GR; PROTEINE: 1 GR; GRASSI: 2,5 GR

INGREDIENTI PER 4 PERSONE

- 200 g di zucchine
- 1 peperone giallo
- 2 pomodori
- 1 cipolla sbucciata
- 1 spicchio di aglio schiacciato
- 2 cucchiaini di erbe aromatiche
- Sale e pepe q.b.
- 1 cucchiaio di olio d'oliva

PREPARAZIONE

1. Preriscaldate la friggitrice a 200 °C per qualche minuto.
2. Tagliate le zucchine, i pomodori, il peperone e la cipolla in piccoli cubetti.
3. Mescolate le verdure nella teglia (apposita per la friggitrice ad aria) con l'aglio, le erbe, 1 cucchiaio di olio di oliva e sale e pepe.
4. Posizionate la teglia nel cestello e inseritela nella friggitrice.
5. Impostate il timer su 15 minuti e fate cuocere il mix di verdure.
6. Mescolare le verdure di tanto in tanto durante la cottura.
7. Servire calde.

Verdure in pastella (versione vegana)

TEMPO DI PREPARAZIONE: 5 minuti più 30 minuti di riposo
TEMPO DI COTTURA: 25/30 minuti
CALORIE: 150 Calorie a porzione
MACRONUTRIENTI: CARBOIDRATI: 16 GR; PROTEINE: 5 GR; GRASSI: 4,5 GR

INGREDIENTI PER 4 PERSONE

- 1 zucchina
- 1 melanzana
- 2 carote
- 3 asparagi
- sale q.b.
- 300 ml di acqua gasata
- 200 g di farina di riso
- Olio di oliva q.b.

PREPARAZIONE

1. Mettete la farina di riso una ciotola e cominciate a versare l'acqua gradualmente, continuando a mescolare energicamente con una forchetta.
2. Aggiungete un po' di sale e bilanciate bene la farina con l'acqua, fino a quando non avrete ottenuto un composto fluido.
3. Lasciate riposare la pastella per le verdure fritte in frigorifero per mezzora.

4. Nel frattempo, cominciate a lavare e pulire tutte le verdure che andranno a comporre il vostro piatto.
5. Cercate di realizzare dei pezzi di piccola dimensione.
6. Preriscaldate la friggitrice a 200 ° (funzione fritture) per 3 minuti circa.
7. Passate le verdure in pastella e disponetele nel cestello unto della friggitrice.
8. Evitate di sovrapporle e cuocerle per circa 25 minuti, controllando la cottura e scuotendo il cestello.
9. Servire le verdure appena sfornate

Crocchette di ceci

TEMPO DI PREPARAZIONE: 2 minuti

TEMPO DI COTTURA: 18/20 minuti

CALORIE: 320 Calorie a porzione

MACRONUTRIENTI: CARBOIDRATI: 32 GR; PROTEINE: 13 GR; GRASSI: 18 GR

INGREDIENTI PER 4 PERSONE

- Mezzo chilo di ceci
- Una cipolla
- Uno spicchio di aglio
- 5-6 foglie di alloro
- Sale e per q.b.
- Cumino q.b.
- Prezzemolo, coriandolo, salvia q.b.
- Pangrattato q.b.
- Olio q.b.

PREPARAZIONE

1. Prima di iniziare la preparazione delle polpette, lasciate i ceci in ammollo per almeno 24 ore affinché siano belli morbidi.

2. Una volta ammollati, togliete l'acqua e asciugate molto bene.

3. Per fare questo utilizzate dei canovacci da cucina fino a che siano davvero molto asciutti, altrimenti l'impasto non riuscirà bene.

4. Una volta asciugati, frullateli con la cipolla, l'aglio, l'alloro prezzemolo, salvia, coriandolo, sale, pepe e il cumino.

5. L'impasto che si ottiene va messo in un recipiente e poi in frigorifero a raffreddare per circa un'ora e mezza.

6. Per fare la base mettete un po' di pangrattato su un vassoio.

7. Create con le mani delle palline grandi quanto una grossa ciliegia e disponete una a fianco all'altra.

8. Spolverate ancora sopra con del pangrattato

9. La friggitrice ad aria va preriscaldata a 170 gradi.

10. Aprite il cestello e spennellate il fondo con un velo d'olio.

11. Adagiate sul fondo tutte le palline in modo che non si tocchino, e spruzzate sopra un po' di olio.

12. Inserire nel cestello nella friggitrice e cuocere a 165/170 gradi.

13. Dopo una decina di minuti aprite il cestello per dare una girata alle palline e continuate a farle cuocere per altri 10 minuti circa.

14. Servire calde.

Polpette di cavolfiore

TEMPO DI PREPARAZIONE: 2 minuti

TEMPO DI COTTURA: 18/20 minuti

CALORIE: 165 Calorie a porzione

MACRONUTRIENTI: CARBOIDRATI: 14 GR; PROTEINE: 5 GR; GRASSI: 2 GR

INGREDIENTI PER 4 PERSONE

- 1 cavolfiore bianco
- 30 gr di preparato per purè
- 100 gr di pangrattato più 3 cucchiai per panatura esterna
- 1 spicchio d'aglio
- sale e prezzemolo q.b.
- olio di oliva q.b.

PREPARAZIONE

1. Fate bollire il cavolfiore in abbondante acqua salata e quando sarà morbido scolatelo per bene dall'acqua di cottura.
2. Lasciatelo riposare mezz'oretta in modo che si raffreddi
3. Versate il cavolfiore all'interno del boccale del frullatore, aggiungete l'aglio, il sale e il prezzemolo, e frullate tutto.
4. Quando si sarà formata una bella crema versatela in una ciotola capiente e aggiungete il pane grattugiato con il preparato per purè e mescolate bene.
5. Ora con le mani umide formate delle polpette e passatele nel pangrattato.

6. Sistemate le polpette nel cestello (unto con un po' d'olio di oliva) della friggitrice e programmare a 180°C.
7. Fate cuocere per 7-8 minuti, ma se occorre prolungate la cottura di altri 1 o 2 minuti.
8. Servire calde.

6.2 Ricette vegetariane

Pasticcio di cavolfiore

TEMPO DI PREPARAZIONE: 5 minuti
TEMPO DI COTTURA: 10 minuti
CALORIE: 240 Calorie a porzione
MACRONUTRIENTI: CARBOIDRATI: 23 GR; PROTEINE: 13 GR; GRASSI: 12 GR

INGREDIENTI PER 4 PERSONE
- 1 cavolfiore medio cotto a vapore o lessato
- 40 gr di pangrattato
- 40 gr di pecorino romano (o parmigiano) grattugiato

- 2 cucchiai d'olio d'oliva
- sale e pepe nero q.b.

PREPARAZIONE

1. Schiacciate direttamente in una teglia apposita per la friggitrice ad aria il cavolfiore; non deve diventare una purea soltanto ridursi di volume.
2. Condite con il pecorino (o parmigiano) grattugiato, il pepe, l'olio e un pizzico di aglio in polvere, mescolate e regolate di sale.
3. Per ultimo aggiungete il pangrattato.
4. Mescolate ancora e fare cuocere a 200° C per 10 minuti.
5. Servire direttamente caldo.

Verdure in pastella (versione classica)

TEMPO DI PREPARAZIONE: 30 minuti più 30 minuti di riposo

TEMPO DI COTTURA: 25/30 minuti

CALORIE: 140 Calorie a porzione

MACRONUTRIENTI: CARBOIDRATI: 16 GR; PROTEINE: 4 GR; GRASSI: 4,5 GR

INGREDIENTI PER 4 PERSONE

Per la Pastella

- 150 gr di farina 00
- 75 ml di acqua gassata
- 75 ml di birra chiara
- 1 tuorlo d'uovo
- 3 cubetti di ghiaccio
- 1 pizzico di sale

Per le Verdure

- 1 melanzana lunga
- 1 peperone
- 1 zucchina
- 1 carota

PREPARAZIONE

1. Preparate la pastella usando una ciotola di acciaio o vetro, in quanto mantengono la temperatura dell'impasto.

2. Mettete la farina e unire poco alla volta l'acqua gassata fredda e la birra fredda, cominciando a mescolare con una frusta a mano per evitare la formazione dei grumi ed ottenere un composto liscio ed omogeneo.

3. Aggiungete anche il tuorlo d'uovo ed incorporatelo alla pastella.

4. Coprite la ciotola con un canovaccio pulito e fatela riposare a temperatura ambiente per mezz'ora.

5. Passando alle verdure lavatele, tagliatele a listarelle tagliandole nel senso della lunghezza e dividendo per la larghezza in 4 parti.

6. Preriscaldate la friggitrice a 200 ° (funzione fritture) per 3 minuti circa.

7. Passate le verdure in pastella e disporle nel cestello unto della friggitrice Evitate di sovrapporle e cuocerle per circa 25 minuti, controllando la cottura e scuotendo il cestello.

8. Servire le verdure appena sfornate.

Crocchette di broccoli e lenticchie

TEMPO DI PREPARAZIONE: 15 minuti

TEMPO DI COTTURA: 40/55 minuti

CALORIE: 150 Calorie a porzione

MACRONUTRIENTI: CARBOIDRATI: 15 GR; PROTEINE: 8 GR; GRASSI: 5 GR

INGREDIENTI PER 6 PERSONE

- 1 broccolo medio
- 1 carota grande
- 200 gr di lenticchie lessate
- 30 gr di grana padano grattugiato
- 50 gr di pangrattato circa più q.b. per la panatura
- sale e pepe q.b.
- 1 gr di timo essiccato
- 2 uova
- 2 cucchiai di latte
- farina 00 q.b.
- olio di oliva per la cottura, circa 4 cucchiai

PREPARAZIONE

1. Lavate tutte le verdure, sbucciate le carote, eliminate il gambo del broccolo e dividete tutte le cimette.
2. Inserite le verdure tagliate a pezzi nel bicchiere del robot da cucina, aggiungete le lenticchie, il formaggio grattugiato, il timo, un pizzico di sale e di pepe.

3. Frullate il tutto fino a ottenere un composto omogeneo, il pangrattato va aggiunto poco alla volta, serve da consistenza al composto senza però asciugarlo troppo.
4. Siccome l'impasto e umido, dovrete raccoglierlo con un cucchiaio e formare delle crocchette.
5. Procedete così fino alla fine di tutto il composto.
6. Passate le crocchette prima nella farina, poi nelle uova sbattute con il latte e infine nel pangrattato.
7. Spennellate o nebulizzare di olio entrambi i lati di ogni crocchetta, sistemarle nel cestello e cuocetele per 12 minuti a 200 °C.
8. Servire le crocchette ancora calde.

Conclusioni

Per concludere il discorso sulla friggitrice ad aria si può affermare che sia una delle migliori invenzioni sia a livello di tecnologia che di alimentazione degli ultimi anni.

Si può inoltre affermare che è possibile cucinare una miriade di ricette che solitamente siamo abituati a fare fritti, o al forno, senza particolari difficoltà, ottenendo lo stesso identico risultato.

Diventa quindi un acquisto fondamentale poiché non è solamente un'ottima alleata in cucina, ma anche della nostra salute stessa.

È stato più volte ripetuto, in questo testo, che è possibile realizzare ottime fritture leggere, croccanti e gustose con un solo cucchiaio d'olio (ben l'85% di grassi in meno).

Rispetto alla frittura, l'uso di una friggitrice ad aria può ridurre la quantità di grassi, calorie e composti potenzialmente dannosi nel cibo andando solo a vantaggio della nostra salute.

Printed by Libri Plureos GmbH in Hamburg, Germany